너에게 일파만파

고요아침 운문정신 072

너에게 일파만파

서춘기 시집

고요아침

| 시인의 말 |

폐지를 줍는다

껍데기로 남은 종이 박스
찌그러진 맥주 캔
아무도 보지 않는 역사책
얼굴들이 뭉개져 있는 졸업 앨범
더 이상 말을 잇지 못하는 일기장

아무렇게나 버려진 저것들의
한 페이지 한 페이지
그냥 버릴 수 없어 잊을 수 없어
한때 빛났던 땀과 눈물의 기억들
어디엔가 갈무리해 두고 싶어 주섬주섬
그렇게라도 서로를 이어 주고 싶어

오늘도 페이지를 줍는다

2024년 화순 도곡 밭한실에서
서춘기

| 차례 |

시인의 말　　　　　　　　　　　　　　05

제1부 너에게 일

너에게 일　　　　　　　　　13
너에게 돌계단　　　　　　　14
너에게 일파만파　　　　　　15
너에게 세량지　　　　　　　16
너에게 꽃　　　　　　　　　17
너에게 풀어놓기　　　　　　18
너에게 나팔꽃　　　　　　　19
너에게 꽃밭　　　　　　　　20
너에게 벼랑길　　　　　　　21
너에게 무지개　　　　　　　22
너에게 옹달샘　　　　　　　23
너에게 동바리　　　　　　　24
너에게 반달곰　　　　　　　26
너에게 할미꽃　　　　　　　28

제2부 사랑의 외주화

꽃밭에서	31
잊혀질 권리	32
처녀 김복동	33
만삭 처녀 박영심	34
해녀 김정옥	36
애월의 눈물	37
오월의 날개	38
그는 죽을 것이다	40
희망을 압류하다	41
슬픈 기록	42
사랑의 외주화	43
스프레이와 물대포	44
서초에서 광화문	45
어시장, 어 사장	46
나의 게임	47

제3부 너에게 마주보기

너에게 말을 걸고 싶을 때	51
너에게 비행기	52
너에게 벽	53
너에게 깐부	54
너에게 온돌	55
너에게 마스크	56
너에게 옥수수	57
너에게 집	58
너에게 마주보기	59
너에게 집 타령	60
너에게 목구멍	61
너에게 물러앉기	62
너에게 소나기	63
너에게 타투	64
너에게 달항아리	65

제4부 밤마다 버닝문

기다리는 사람들	69
밤마다 버닝문	70
다른 것들을 위하여	71
세상사 한 줌 한 덩이	72
육수 같은 사람	73
마스크와 콩나물	74
결빙	75
밭한실에 가면	76
창문 크기만큼	77
닮은꼴 주의보	78
퍼드덕, 건망증	79
천년목	80
나의 봄	81
구구절절 산다는 건	82
그대와 함께	83
하늘 보며 살다 보면	84

해설_숨은 '너'를 찾아서/황정산   87

제 **1** 부

너에게 일

너에게 일

비가 오는 것도 일이다
비가 오지 않는 것도 일이다

제때 씨앗을 뿌리는 것도 일이다
한철 텃밭을 묵히는 것도 일이다

먼바다 큰 파도와 싸우는 것도 일이다
몇 날 며칠 배를 묶어 두는 것도 일이다

눈코 뜰 새 없이 일하는 것도 일이다
빈둥빈둥 노는 것도 일이다

해가 뜨는 것도 일이다
해가 지는 것도 일이다

너에게 돌계단

너무 가파르다며
아무도 다니지 않는 비탈에
한 사람이 길을 낸다

길이라 하기엔 보잘것없어
어느 누구도 걷지 않는 그 길이
여름 한철 버티지 못하고 무너져 내린다

그러기를 두어 번
이번엔 여기저기서 돌덩이를 옮겨 와
아랫돌부터 차근차근 놓으며

돌계단을 만든다
멀리 돌아가는 사람들 모두
어리석은 짓이라고 수군댔지만

한 걸음씩 뚜벅뚜벅
돌계단이 비탈을 오른다
비탈이 돌계단을 오른다

너에게 일파만파

별이 빛나면 나도 반짝이고
꽃이 피면 우리도 피어난다

산이 울면 너도 울고
강이 흐르면 우리도 굽이친다

너 하나 나 하나 꽃이 되고 별이 되니
무등산 기슭 구석구석 밝아지고

옹달샘미 닮은 작은 가슴들
물길이 가파를수록 거친 숨 몰아쉬며

너른 들녘 지나 영산 나루 다다랐구나
어기영차 황포돛 올려 바다로 가자

비금 흑산 고래등 넘어 일파만파
더 큰 파도 더 큰 세상 만들어 가자

너에게 세량지

소담스런 풍경 너끈히 품고 사는 세량지
방죽길 따라 기총 소사 하듯 작달비 내려
당돌한 빗방울 수면을 때릴 때마다
후드득후드득 저렇게 많은 물꽃들
흐드러지게 피었다 지고 또 피는데

어찌하랴 우리 사랑
작달비보다 더 아픈 장단 춤사위에 울렁거렸으나
여태 꽃눈 하나 꽃봉오리 하나 밀어올리지 못했으니
장단에 묻힌 노래 춤사위에 갇힌 춤
더는 노래할 수 없고 더는 춤출 수 없는데

* 세량지 : 전남 화순에 있는 작은 저수지. 빼어난 경치로 한국에서 가봐야 할 50곳 중 하나로 유명.

너에게 꽃

앞차에서 잔돌 하나 튕겨 오르자마자
유리창이 쩍

아하, 이렇게라도 고맙다
순간의 꽃 한 송이

너에게 풀어놓기

쥐면 쥘수록
모래알은 손가락 사이로 빠져나간다

모래알보다 작은 사랑일지라도
모래알처럼 단단한 사랑이라면

놓아라
사랑할수록 풀어놓아라

너에게 나팔꽃

꽃씨 속에서 한두 이레
꽃망울 속에서 또 서너 날

울안 어둠 속에서 하룻밤
새벽이슬 맞으며 잠깐만

한소끔 가슴에 맺히는 열꽃들
뱉어라 불타오르기 전

중천에 햇덩어리 떠오른다
죽어라 죽기 전에

너에게 꽃밭

그리 크지도 작지도 않은 꽃밭에
그리 예쁘지도 밉지도 않은 아내가 산다

그리 귀하지도 흔하지도 않은 야생화 꽃밭에
그리 잘나지도 못나지도 않은 아내가 산다

나이 들어 눈물꽃 진 자리 주름꽃 만발이어도
삼백예순날 꽃이 꽃밭이 좋은 걸 어찌하랴

어쩌다 꽃띠 친구들 서넛 날아들면
사진기 들이밀고 '김치' 대신 '꽃잎' 하고 소리치다가

꽃 이름 검색한답시고 친구 얼굴 하나하나 찰칵찰칵
'일치하는 꽃이 없습니다. 다시 시도해 주세요'

그럴 줄 그런 줄 알면서도 짐짓 놀란 척하다가
연분홍 꽃숭어리에 얼굴 묻고 하하 호호 깔깔거리는

너에게 벼랑길

한 번도 오르지 못한 저 하늘에
별과 우레가 없다면
누가 하늘 보며 두 손 모을까

망망대해, 그래서 그저 그래 보이는 저 바다에
큰 너울과 고래 한 마리 없다면
누가 바다 너머 바다를 그리워할까

집으로 가는 길마저 끊긴 이 땅에
무너져 내린 만큼 솟아오른 벼랑길조차 없다면
누가 길 떠날 채비하며 가슴 조일까

난장이면 좋을 이 땅 저 바다 저 하늘에
별과 고래, 아스라한 벼랑길 하나 없다면
네 가슴에 얼굴 묻고 울어 줄 사랑 어디 있을까

너에게 무지개

미안해
어제는 이 산에서 저 산까지
오늘은 이 동네에서 저 동네까지
맨날 반쪽이어서

나도 알아
어린이집 아이들은 동그라미 그리기를 좋아하고
어른들은 절반보다 한판승을 원한다는 걸
누가 반쪽짜리 사랑을 사랑이라고 하겠어

깜짝 놀라 휘둥그래진 네 눈동자
하늘에서 빙글빙글 도는 대회전관람차
그래 나도 그렇게 동그라미가 되고 싶지만
아니야 아직 아니지

그럼 내일도 반쪽일 텐데 나머지 반쪽은 어디
달항아리 속, 아니면 네 가슴속
그래그래 더 가까이 다가와 두근두근
네가 먼저 두근거려 봐

너에게 옹달샘

그리 크지도 작지도 않은
옹달샘 하나 파 두면 좋겠다

깊은 산속 네 오목가슴에

멧새 몇 마리 목을 축이고
길 잃은 아기사슴 한숨 돌리니

제풀에 슬픈 너, 너에게 참 좋겠다

너에게 동바리

처음에는 높은 곳에 올라
십자가가 되었다
몇십 년 지나 녹슬어 낮은 데로 내려와
손수레가 되었다
첫눈 오던 날 연탄 배달하던 중 냅다 미끄러져
고철 덩어리가 되었다
서너 달 후 불구덩이 거쳐 쇠기둥으로 거듭난 뒤
어쩌다 동바리가 되었다

드디어 고층 아파트 건축 현장으로 갔다
십자가보다 훨씬 높은 곳 35층에 올라
어깨를 내리누르는 콘크리트 반죽을, 36층 위의 37층을
그보다 더 높은 층층의 엄청난 무게를 온몸으로 떠받치며
다시 태어나 처음 맡은 일 제대로 한번 해 보려 했는데
정말 필사적으로 잘해 보려고 했는데, 어느 날 갑자기
쿵 하는 소리와 함께 38층이 와르르 무너져 내리고
그 아래 층층이 속절없이 무너져 내리니

한순간에 초고층 아파트가 사라졌다
나도 사라졌다

* 동바리 : 위층의 콘크리트와 거푸집을 떠받치는 지지대.

너에게 반달곰

2015. 국립공원 종복원기술원에서 태어났다. 그의 이름은 KM-53, 일명 '오삼이'. 열 달 후 지리산에 방사되었다.

2017. 김천 수도산으로 두 차례 탈출했다. 잡힌 뒤 지리산에 방사되었다.

2018. 다시 탈출했다가 고속도로에서 관광버스에 치였다. 12시간 수술 받고 간신히 살아났다.

2019. 또 잡혀 수도산에 방사되었으나 금오산으로 이동했다.

2020. 민가에 피해를 주었다며 수도산으로 이주되었다.

2022. 가야산 덕유산 거쳐 충북 보은까지 싸돌아다녔다. 결국 벌통 과수 피해 최대 상습범으로 낙인 찍혔다.

2023. 6. 13. 밤이었다

배가 고프기도 했지만 마을 가까이 가고 싶었다 오늘만큼은 서로 쫓고 쫓기는 사이가 아니라 같은 산동네 주민으로서 손잡고 싶었다 절골 할매네 낮은 울타리 넘을까 말까 머뭇대고 있는 순간 마취 총소리와 함께 목덜미 근처가 따끔! 아차차 또 맞았네 이러면 잡히고 말지 다시는 우리에 갇히기 싫고 더 이상 오삼이로 살고 싶지 않은데 차라리 버

림받고 싶은데 제발 잊혀지고 싶은데
 있는 힘 다해 달리고 달렸다 그러나 사지에 힘이 풀리고 어질어질하여 어느 웅덩이 속으로 나자빠지고 말았다 살고 싶어 도망치고 싶어 발버둥쳤지만 몸이 말을 듣지 않았다 시간이 얼마나 지났을까 몹시 다급해진 목소리들 몇몇 심폐소생 한답시고 야단이다 이미 끊어진 숨이 돌아올 리 없는데 이상하다 오목가슴을 압박할 때마다 가슴이 조금씩 부풀어 오른다 그러다가 온몸이 애드벌룬처럼 탱탱해지는가 싶더니 저기 저 밤하늘에 떠 있는 상현달 향해 두둥실 떠오르는 산동네 친구 반달곰 오삼이

너에게 할미꽃

할미꽃과 마주 앉은 아침 밥상 위
둘 중 많이 풀어진 계란 프라이 하나

별생각 없이 손이 거기로 가려 하자
할미꽃께서 대뜸

이쁜 놈 드세요

그래도, 내가 먹는 게 낫겠다 싶어
요리조리 젓가락 재간 부리고 있는데

할미꽃 혼자 두런두런
이쁜 놈 잡숴야 이쁜 성질 쓰지요

제2부

사랑의 외주화

꽃밭에서

세상에는

깔때기처럼 사는 사람보다
물뿌리개처럼 사는 사람이

더 많다

잊혀질 권리

그렇다 나는 썩지 못했다

수백 년 전 박 아무개의 두 번째 부인으로 들어와 스물도 안 된 나이에 첫아이를 낳다 비명횡사한 여인이 핏덩이와 함께 땅에 묻혔으나 한 맺힌 내 몸 내 영혼 썩을 리 없지 어느 날 갑자기 무덤이 파헤쳐지고 햇살처럼 쏟아지는 남정네들의 눈빛들 숨조차 쉴 수 없는 적막 속에서 한 겹 두 겹 옷가지들이 벗겨지고 어느새 알몸이 되어버린 내 몸뚱이 당장 카메라를 걷어치우고 내 주검에서 손을 떼라 내 품에 안긴 핏덩이의 자자란 뼛조각 하나 건드리지 말고 제발 나와 내 아이에 대한 기억과 기록을 모두 지워라

그리고 다시 묻어라

처녀 김복동

너희는 산과 바다에서 싸웠지만
난 마룻바닥 위에서 싸웠다

너희가 총칼을 휘두르는 동안
난 그저 알몸 하나로 싸웠다

운 없는 날 넌 어쩌다 피를 보았겠지만
난 삼백예순날 밤낮없이 핏덩이를 쏟았었다

싸움은 끝났어도 칼춤이 멈추지 않는 세상
나 어찌 한 치라도 물러설 수 있겠는가

차마 눈감지 못해 초분으로 던져진 몸
대숲을 지날 때마다 이름을 불러다오

해 질 녘마다 내 이름을 불러다오
어린 죽순 자라 죽창이 될 때까지

만삭 처녀 박영심

1944년. 누르스름하게 색 바랜 흑백 사진 속 암울한 배경에 네 여자가 갇혀 있다. 낡고 헐거운 옷차림에다 불안한 얼굴들 그중 오른쪽 끝 앞쪽에 자리한 한 여자가 언덕에 기댄 채 남산보다 크게 차오른 아랫배를 하염없이 바라보고 있다.

쉽게 큰돈 벌 수 있다는 말에 속아 화차에 실려 당도한 곳은 난징 긴스이루 위안소 19호실 다다미 바닥에 던져진 채 하루에도 수십 번씩 꽃다운 열일곱 무참히 짓밟혔지만 그래도 살아야겠다는 일념으로 버티고 버텼는데 아니었어 그게 끝이 아니었어

머나먼 남중국해 거친 파도 넘고 넘어 미얀마 국경 어디쯤 그 뜨거운 불판 위에서 날이면 날마다 초주검 이러다간 죽고 말지 진짜 죽고 말지 하지만 그럴 순 없어 저놈들 다 죽일 순 없고 가장 높은 놈 한 놈이라도 죽여야겠다며 벼르고 있었는데 이상했어 아랫배가 점점 차오르는 뱃속이

전세가 불리해지자 밀리고 밀린 끝에 다시 중국 땅 윈난 성 쑹산에서 하루 이틀 사흘 날이 갈수록 포탄 소리가 가까

워지는가 싶더니 이내 머리 위로 총알이 피융피융 숨이 멎을 듯 무서웠지만 뱃속 아이만은 지키고 싶었어 이를 앙다문 채 몇 날 며칠 토굴에 갇혀 바들바들 떨고 있었는데 어느 날 갑자기 전쟁이 끝났다며 여기저기서 만세 소리 들리고 나도 엉겹결에 만세 만만세

    2000년 남포시. 여러 사람 앞에서 사진 속 만삭의 여자를 가리키며 그녀가 말했다. "이것이 바로 나다. 아기는 포로수용소에서 유산했다."

해녀 김정옥

바다가 받아 주니까
저승 돈 벌어 이승에서 쓴다

이날 이때까지
수십 번 가보았던 저승 문턱

진눈깨비 내리는 오늘 저녁
문턱 너머 저세상 구경 한번 가볼까

애월의 눈물

4·3때, 생각만 해도 눈물 난다

산으로 도망친 놈들한테 먹을 것 보낸 연놈들 누구냐며
제 딸 죽도록 매질하는 순경들에게
고기반찬에 따순 밥 퍼나르며 굽실굽실 조아리던

늙은 엄마 생각하면 눈물이 난다

높다란 나무에 매달린 채 맞고 또 맞고
모진 고문 끝에 두 눈까지 잃어버린
애월이의 눈먼 눈에 피눈물 난다

오월의 날개

가만있을 수 없었다
가톨릭센터에서 많은 사상자가 발생했다는 다급한 소식에
벌써 센터 앞 도로를 가득 메운 시민들
하나같이 분노에 찬 얼굴로 우우우
거친 투석전이 극에 다다를 무렵
싹 쓸어 버려!
공수부대원들이 우르르 달려들며
미친 듯이 곤봉으로 때리고 대검으로 찌르고 또 때리고

그날의 상처는 깊고 질겼다
피투성이가 된 채 군용트럭에 실려갔다가
집에 왔을 땐 다 죽은 목숨이라고 그랬다
온갖 타박상에 자상, 작살난 어깨뼈도 문제였지만
고문 탓에 시도 때도 없이 엄습해 오는 무서움증
삼복더위에도 사시나무 떨듯 벌벌
죽고 싶어도 죽지 못해 그렇게 살고 있는데
아내가 색바랜 오리털 파카를 입혀주며, 그냥 살자 응

방 안 가득 작은 깃털이 날리기 시작했다

벌써 삼 년째 밤낮없이 털옷만 걸치고 살아
해질 대로 해진 그 옷 때문이라며 아내는 구시렁댔지만
오월이면 심해지는 가려움증
아문 상처 위로 득득 살가죽이 터지도록 득득
긁으면 긁을수록 어깻죽지 여기저기 하얀 깃털들
삐죽삐죽 돋아나 털뭉치 아니면 날개인 듯 얼비치니
날고 싶어 단 한 번만이라도 날고 싶어 퍼드덕
두 팔 휘저으며 퍼드덕퍼드덕거리는 어느 동틀 녘

그는 죽을 것이다

1980.05.20. 12:00
철공소 근무하던 중 시민군에 합류
1980.05.22. 20:14
계엄군 난사
1980.05.22. 20:15
트럭 전복, 머리 부상 어깨 총상
1980.05.22. 22:30
심한 구타와 고문
1980.05.23. 11:05
적십자병원으로 이송, 2주간 치료
1980.06.04. 12:00
으깨진 기억들, 오갈 데 없으니 떠돌다가
2009.09.14. 08:25
그는 죽을 것이다, 그가 죽었다

희망을 압류하다

해고 기간 55개월
손해배상액 14억 7천만 원

퇴직금 부동산 가압류에다
파업 업무방해 기물손상까지 했다며
국가에서 청구한 배상액에 갑절의 이자

일을 빼앗기고 희망마저 압류당한 몸
극단적 선택에 한목숨 맡기며 그가 말했다

힘들어서가 아니라 더러워서 죽는다고
내일이 없어 죽는다고 희망이 없어 죽는다고

슬픈 기록

까치집보다 높은 자리
목동 열병합발전소 굴뚝 꼭대기

여기는 근처에서 가장 높은 곳이라지만
버림받았으니 세상에서 가장 낮은 곳

다리도 뻗을 수 없는, 82cm
하늘 난간에 아슬아슬 매달린 채

두 번의 겨울 보내고
뼈밖에 남지 않은 몸으로 땅을 밟았다

고공 농성 426일
이것도 기록이라고, 세계 최장의 기록이라고

박수 치며 떠들어대는
그림자 같은 그놈들에게 침을 뱉는다

사랑의 외주화

위험하다고 밖에다 일을 맡겼어

그럼, 남이 그 일에 목숨 거는 동안
넌 뭐 했지

위험을 팔아 돈만 챙기고
아픔 없는 자리에 핀 꽃도 꽃이라고 우길 거면

네 사랑도 외주화하라

스프레이와 물대포

작년 이맘때, 네 살배기 아이가
스프레이로 신나게 쏘아 올린 자자란 물방울들
돌고 돌아, 오늘 아침 출근길 이슬비로 내렸다

지나가던 사람들 잠시 모자 벗고
하늘 보며 빙긋이 웃는다

재작년 이맘때, 얼룩무늬 진압대가
물대포로 쏘아 올린 직사 살수 물줄기들
돌고 돌아, 오늘 저녁 퇴근길 국지성 폭우로 쏟아졌다

동네 사람들 모자 푹 눌러 쓴 채
땅만 보며 경중경중 뛰어간다

서초에서 광화문

그믐에서 상현까지
보름에서 하현까지

한 몸에 두 개의 반쪽 품고서도
밤마다 온 누리 고루 밝히는

그대와 같은 그대는
또 어디에 계신가요

어시장, 어 사장

활어나 생선 고르실 때
도대체 어떤 놈이 광어고 어떤 놈이 도다리인지
얼른 판정이 안 되고 그러실 적엔
생선 대가리를 눈앞에 두고
주둥이를 중심으로 눈깔이 어느 쪽에 붙어 있는지
왼쪽이냐 오른쪽이냐 딱 잘라 좌냐 우냐
그것만 봐요 그렇지 고것만 보면
정답이 바로 나오는데, 어디 한번 따라서 해 보시오
눈깔이 '왼쪽'에 몰려 있으면
'왼쪽'은 두 글자, '광어'도 두 글자!
눈깔이 '오른쪽'에 몰려 있으면
'오른쪽'은 세 글자, '도다리'도 세 글자!
광어 도다리 판정이 이렇게 쉬운데
생선 한 토막을 썰어 놓고
누구는 좌니 누구는 우니 그래서 먹니 못 먹니
세상살이가 왜 이리 어렵고 시끄럽소
광어 도다리 이놈들 수족관 안에 같이 갇혀 살아도
서로 싸우는 거 한번이라도 본 적 있소 없소
같은 땅에 살면서 입에 게거품 물고 서로 삿대질하는
이 양반들아, 정말 눈꼴시어 못 살겠소

나의 게임

지고도 이겼다

너에겐 졌지만

나에게, 내가 이겼으니

제3부

너에게 마주보기

너에게 말을 걸고 싶을 때

너에게 말을 걸고 싶을 때
하늘은 여우비 뿌리고

너에게 말을 걸고 싶을 때
저 산은 멧새 한둘 풀어놓는다

내가 너에게 말을 걸고 싶을 때
빨개지는 두 볼 더듬더듬 말문 막히고

네가 나에게 말을 걸고 싶을 때
너도 몰래 내 가슴에 무지개 뜬다

너에게 비행기

난생처음 비행기를 타 보는 아이

콩닥거리는 가슴으로 자리에 앉아
신기한 듯 창밖을 두리번거리다가

어! 비행기가 없어졌네

너에게 벽

벽에
못을 박으면

벽에
금이 간다

너에게 깐부

지팡이는 혼자 서지 못합니다
할아버지가 손잡아 줍니다

할아버지는 홀로 걷지 못합니다
지팡이가 앞장서며 함께 걸어갑니다

너에게 온돌

난 너에게

아름드리나무가 되고 싶었지만
흔한 감나무 한 그루 되지 못했다

잘 차려진 진수성찬이 되고 싶었지만
뜨신 밥 한 공기도 되지 못했다

최고의 이야기가 되고 싶었지만
대청마루에 새겨 둘 글 한 줄 되지 못했다

평생토록 그렇고 그랬으니
이제야 정신 차려도 소용없는 일

내가 죽어 무엇이 될 수 있다면
더러는 구들장 되고 더러는 장작불 되어

삼백예순날
따뜻한 온돌이 되고 싶다

너에게 마스크

짧지 않았다
패랭이꽃은 시무룩 동박새는 울지 않았다

해가 가고 달이 가고
일 년하고도 일곱 달 만에 마스크를 벗어 던졌다

오랜만에 마주친 주먹코와 뻐드렁니
눈물난다

한참 몰랐다
못난이로 알았던 네가 이다지도 이쁜 줄

그래 그래 고맙다
코 막고 입 닫고 살아온 나날 덕분에 우리 사랑 곰삭았다

너에게 옥수수

열아홉에 시집와 강산이 두 번이나 변했고
한국 며느리보다 낫다는 소리에 종종 으쓱했지만
다른 건 몰라도 엄동설한만큼은 노땡큐였으니
찬바람 불면 봄, 봄이 되면 여름만 기다렸다

다행히도 올여름엔 역대급 폭염이란다
아싸, 절로 콧노래가 나오고 힘이 솟구치는 혼나티
내친김에 대로변 노점상 앞에 깃발 하나를 턱 꽂는다
'캄보디아 아줌마' '이 고장 찰옥수수'

작년보다 솥단지를 더 걸었더니 합하여 열넷
한번 열 받기 시작하면 아침부터 진종일 쉭쉭 칙칙
잘하면 유월부터 시월까지 거의 반년 동안 칙칙 쉭쉭
드디어 혼나티의 얼굴이 환해지고 어깨가 들썩들썩

잘 삶은 옥수수 봉지 건넬 때마다 한 말씀 잊지 않고
끓일 땐 수염 같이 넣고 끓여요 구수해요 최고
끓을 땐 뚜껑 열면 안 돼요 하지 마세요 비린내 나요
혼나티는 삶은 옥수수다 혼나티의 삶은 옥수수다

너에게 집

오늘은 새 집 분양 받는 날
동네 아재와 집게 삼 형제
모래밭에 늘어서 웅성웅성하다가

물때 낀 고둥 껍질 벗어 재껴
아재는 큰형에게 큰형은 작은형에게
작은형은 막내에게 단독주택 물려주고

제힘으로 집 한 채 올린 적 없지만
무주택으로 산 시절도 없었으니
몸집이 커진 만큼 평수도 늘었구나

고둥껍데기 하나씩 뒤집어쓰고
뒤뚱뒤뚱 신이 난 집게 삼 형제
헌 집도 새 집처럼 네 집도 내 집처럼

너에게 마주보기

꽃은 마주보고 사는데
우리는 등지고 산다

어쩌다 만나도 손끝만 스치는 사람들
내 얼굴 못 본 지 꽤 되었고 네 얼굴은 가물가물

때깔이나 생김생김은 제각각이어도
외딴집 처마 밑 옹기종기 모여 사는 풀꽃처럼

이 꽃이 배시시 웃으면 나도 따라 배시시 웃고
저 꽃이 활짝 웃으면 너도 따라 활짝 웃어 젖히며

우리도 그렇게 살자
서로서로 손잡고 눈 맞추며 강강술래 강강수월래

꽃처럼 살자
마주보고 살자

너에게 집 타령

애당초 집은 모두에게 있었으나
오래 지키지 못하고 넘겼지
마음을 팔았지

덕분에
누구는 일가구 이주택
누구는 전셋집

사글셋방으로 시작해
주공 잡았다가
어렵사리 민영까지 왔는데

친구 따라 장에 간다고
농가주택에다 원룸 거쳐 상가 주택까지
별짓 다 해 보았지만

아서라 소용없어
내 몸이 집인데
이 좋은 집 어디 두고 멀리 멀리 싸돌았을까

너에게 목구멍

경이롭다

여의도에 가면

삼키는 것은 친환경인데

내뱉는 것은 감언이고 독설이다

너에게 물러앉기

물러서기 싫어 또 나섰다
그럴수록 힘들어지는 세상
에라 산에나 가자

김밥 한 줄 걸머지고
도솔암 에돌아 벼랑길 오르니
깎아지른 바위벽에 턱 걸터앉은 마애석불님

한동안 말없이 마주보고 있다가
꾸벅 인사 여쭙고 뒤돌아서려는데
석불님 헛기침 끝에 툭 던지는 한 말씀

아서라
나도 돌방석에서 한 뼘 물러앉는데
천년 걸렸다

너에게 소나기

텃밭에서 상추를 뜯다 말고
어젯밤 아무래도 서운해라 했을 그이에게
자기야 잘 잤어 날씨 참 좋네
아무튼 뭐라도 몇 자 적어 보내려고 고민하던 중
갑자기 콩알만 한 빗방울이 후드득후드득

만지작거리던 핸드폰 소쿠리에 던져 놓고
마당으로 달려가 들깻단에 비닐 덮고 돌아와 보니
자판을 얄궂게 두들기고 지나간 소나기의 흔적들
'ㅅ ㄹ ㅏ ㅎ ㅐ'
어라, 늦깎이 결혼 앞둔 그이에게 보낼까 말까

너에게 타투

다투지 마 타투
아프지 마 타투
미워하지 마 타투

네 몸이 다칠까 봐
네 마음이 힘들까 봐
네 사랑이 아플까 봐

상처를 상처로 덮고
아픔을 아픔으로 색칠하며
사랑을 사랑으로 아로새긴다

너에게 달항아리

한양에서 광나루 건너 광주 어디쯤 서로 죽도록 좋아하는 연놈 있었는데 어느 날 계집아이 홀연히 떠나 버리자 달 보며 별 보며 한숨만 짓던 선머슴

재주라곤 도자 굽는 것뿐 그 계집 궁뎅이보다 크고 오동통한 항아리 하나 만들어야겠다는 일념으로 조선 땅에서 제일 좋다는 진흙 구하여 남자 형상 여자 형상 하나씩 만든 다음 그걸 다시 뭉개고 쳐대길 사나흘 또 사나흘 밤낮으로 물레질하여 큰 사발 모양 그릇 둘 만들었으니

하나는 선머슴의 사랑이 담긴 위짝이요 또 하나는 계집 아이의 이별이 담긴 밑짝이라 이 두 연놈들 둥근 달 뜬 어느 날 찰떡같이 합궁시켜 휘영청 보름달보다 크고 넘치는 달항아리 하나 얻었구나

제4부

밤마다 버닝문

기다리는 사람들

아무도 떠나지 않았는데 애써 기다리고 있다
함께 있어도 제각각 다른 곳을 보고 있으니
서로가 서로를 볼 수도 들을 수도 없다

춘삼월인데 아직 얼어붙은 혀와 발가락들
저절로 말을 잊고 길을 잃은 지 오래다
얼마나 기다려야 일어나 걸을 수 있을까
얼마나 기다려야 흘러내려 섞일 수 있을까

함께 있으면서 함께 있지 못하며
기다리는 사람을 기다리는 사람들

밤마다 버닝문

　보름달 뜨면 멧돼지 몇 마리 마을 양돈장에 슬그머니 내려와 고구마 옥수수 도라지 더덕에다 달콤한 벌집까지 한 상차림 벌여 놓고 온갖 돼지 불러 모은다 너는 수컷이어서 안 되고 너는 새끼 딸려 애석하고 너는 뚱뚱하여 곤란하여 열에 아홉 입뺀시키고 나니 암돼지 중에서도 물 좋은 것들만 남았구나 만수르 세트보다 더 좋은 토종꿀 몇 잔 돌리고 돌렸는데 아직 품에 안기지 않다니 에라 돈값도 못하는 것들 너도 몰래 나도 몰래 물뽕 서너 방울 섞어보자 어허 신통도 해라 금세 뽕 가는 물게들 넋 잃고 쓰러지니 멧돼지란 놈들 게거품 문 채 한 마리씩 보듬고 뒹굴고 낑낑거리다가 동영상까지 찍으며 원나잇 했겠다 이게 꿈인지 생시인지 비몽사몽하던 중 새벽녘 되자 하나둘 바지춤 잡고 줄행랑치다가 못다 푼 욕정 옥녀봉 산기슭에다 질질질 흩뿌려 놓았으니 보름달 이우는 날이면 양돈장 근처에도 가보지 못한 수컷 멧돼지들 산기슭 여기저기 긴 코 들이밀고 킁킁거리는데 요상도 해라 그때마다 양돈장에서 벌어졌던 원나잇 장면 하나하나 코에 잡히고 눈에 잡혀 보면 볼수록 아랫도리 부지깽이처럼 후끈후끈 달아올라 밤마다 발광하는 옥녀봉 버닝문

다른 것들을 위하여

하늘에 있는 물 땅에 있는 물은 다르다
여기저기 나무와 나무도 다르다
꽃과 꽃도 그렇다

하늘에 있는 말 땅에 있는 말은 다르다
이런저런 생각과 생각도 다르다
마음과 마음도 그렇다

서로 다른 물과 나무와 꽃들
서로 다른 말과 생각과 마음들
같지만 다른 것들이 만나고 또 만났더니
비로소 숲이 되고 삶이 되고 가슴 벅찬 세상이 되었다

세상사 한 줌 한 덩이

물이 아무리 넓고 깊다 한들
한강에서 태평양까지
한 방울이다 딱 한 사발이다

땅이 아무리 크고 높다 한들
백두에서 에베레스트까지
한 줌이다 딱 한 덩이다

세상사
아무리 쪼개고 쪼개고 또 쪼개도 딱 한 방울이다
아무리 뭉치고 뭉치고 또 뭉쳐도 딱 한 줌 한 덩이다

육수 같은 사람

진눈깨비 내리는 날
계란국에 소주 한 잔 딱이다 싶어
끓는 물에 다시마 황태 국멸치 몇 줌 넣고
진득하게 밑국물 우려내는 동안

문득 생각나는 내 친구
언제 어떤 자리에서나 있는 듯 없는 듯
욕심 없고 인물마저 그저 그러니
딱히 내놓을 거 하나 없지만

없으면 보고 싶고
있으면 더 두고 싶은 내 친구
무대 위에 오른 적 없지만
한사코 무대 위를 떠난 적도 없어

있는 것보다 없는 게 많아
버릴 거 하나 없는 내 친구
고달픈 시절 감칠맛으로 살맛 살리는
멸치 육수 같은, 그런 사람

마스크와 콩나물

경로당 문 닫은 지 벌써
몇 달째 집안에 갇힌 초방 할매 창문 너머
저세상 훔쳐보며 마스크만 썼다 벗었다

지난 명절 때 핸드폰 켜 놓고 세배했던
큰딸아이가 보내준 작은 시루 속 콩나물
안부 궁금해 하루에도 몇 번 뚜껑 열었다 닫았다

햇살 한 쪼가리 없이 물만 주었는데
쥐눈이콩들 사나흘 새 폭풍 성장 이놈의 콩나물들은
미어터질 듯 빽빽이 들어차 있어도 잘만 크는데

홀로 있어 춥고 외로운 밤 감나무에 걸린
하현달 보며 똘감나무 주제에 마스크 썼네
가당찮다는 듯 투덜대다 스르르 돌아눕는 초방 할매

결빙

소한치레일까

며칠 동안 북풍한설 몰아치자
동네 어귀 작은 연못 가장자리부터 얼기 시작하고
들고양이란 놈 때를 기다리는 듯 물가를 뱅뱅

종일토록 어미를 기다리다 지친 새끼 오리 한 마리
해 떨어지기 무섭게 숯검댕으로 변해 버린 하늘 보다가
어는 족족 거리를 좁혀 오는 저 고양이 눈빛 보다가

안 돼 오지 마 제발 가까이 오지 마
퍼드덕퍼드덕 죽을힘 다해 발길질 날갯짓해 보지만
새끼 오리 코앞까지 들이닥치는 살얼음판

들고양이는 덮쳐 오는데
어미는 오지 않고

밭한실에 가면

밭한실에 가면
소 대신 쟁기질하는 사람 있다
아우는 봇줄 맨 채 쟁기 끌고
늙은 형은 뒤따르며 자갈밭 일구는데
한동안 말없이 고랑 치던 두 사람
혼잣말하듯 두런두런

"자네 힘들지. 바꾸세."
"아직 괜찮은데."
"그만 끌고 쟁기 잡게나."
"난 소가 좋은데."
형이 몇 차례 권해 보지만
한사코 거절하는 동생
"이러다 정말 소가 되면 어떡해."
"그래도 소가 좋다니까."
"장에 팔아먹어도."
"음메."

밭한실 밭두렁에 걸터앉은 청매실나무 한 그루
자자란 꽃망울 터뜨리며 배시시 웃는다

창문 크기만큼

아무리 눈이 커도
바깥 풍경 죄다 한눈에 다 담을 수 없지

창문만큼 보게 되는 거지
내 가슴에 달린 창문 크기만큼 보게 되는 거지

이 세상 한번 다녀가면서
어떻게 다 가질 수 있겠어

지금 요만큼이라도 살고 있는 거
네 손발이 고생한 만큼 고맙고 대단한 거지

닮은꼴 주의보

세 살배기 아이가 젤리를 먹고 나서
맵다며 울고 난리야 나도 먹어 보았지
젤리보다도 더 젤리 같은 비누 조각

초코파이처럼 생겨 먹은 핸드크림
먹음직스럽게 부풀어 오른 머핀 모양의 향초
아이스크림 그릇처럼 생긴 용기에 담긴 화장품들

거나하게 취한 남편은 선크림으로 양치를 하고
여든 넘긴 시어머니 치매약인 줄 알고 동전 드셨어
보이는 것 모두가 긴가민가 온 집안이 뒤죽박죽

퍼드덕, 건망중

삼십년지기 친구들 오랜만에 만났으니
복달임 한번 제대로 해 보자는 의기투합에
이리 쫓기고 저리 쫓기던 씨암탉 몇 마리
지붕 위로 퍼드덕 날아오르고 또 날아오르고

벌써 며칠 지난 일인데 그 순간 그 장면이
내 뒤통수에서 여전히 퍼드덕퍼드덕 홰치고 있어
세상에 닭이 새라는 거, 그래서 당연히 날 수 있다는 걸
너무 오래 잊고 살았어 완전 잊고 살았어

이렇게 잊고 사는 거 뭐 또 없을까

천년목

그칠 날 없다
백년 동안 비바람
백년 동안 천둥 벼락

그칠 날 없다
또 백년 동안 가슴앓이
또 백년 동안 아픔과 상처

저렇게 거친 것들
저렇게 아픈 것들
수수 백년 가슴에 안고 버텨 오다

여기 이 자리에 묵은 가지 털고
하늘 향해 우뚝 선다
죽어서 다시 천년 목숨으로

나의 봄

날이 너무 좋아
꽃구경 다녀오는 길

더 더 더 더더 더더더
터질 듯 부풀어 오르는 내 얼굴
노랑 분홍 빨강 봄꽃들 만발이다

아차차 단속에 걸렸네
그대 몰래 나도 몰래

구구절절 산다는 건

하늘 땅 어디에 직선이 있으랴
길든 짧든 이 맘 저 맘 반듯하게 이어 보려 해도
가다 보면 적잖이 휘어져 있어
하늘이 둥글 듯 마음길 사랑길도
구불텅하게 돌아 돌아 에돌아 가고

세상살이 어디에 직진이 있으랴
큰일이건 작은 일이건 제대로 해 보려 해도
이리 비틀 저리 배틀
땅과 바다가 둥글 듯 고생길 눈물길도
구불텅하게 돌아 돌아 에돌아 가고

아닌가 봐 산다는 건 직선도 직진도 아닌가 봐
가고 싶은 대로 가고 오고 싶은 대로 오는 건가 봐
반듯이 가다가 휘어지고 이어지다가 끊어지고
그래 그래, 산다는 건 맵고 짜고 구구절절
그 마디마디가 아프고 쓰려야 제맛인가 봐

그대와 함께

저 혼자만 잘 살자는 게 아니었다

하늘은 땅에 비 뿌리고
땅은 나무를 일으켜 세우고
나무는 새들에게 꽃과 열매를 건네고
새는 나무의 씨앗을 먼 산으로 옮겼다
훗날 씨앗이 자라 나무가 되고
그 나무의 나무와 함께 울창한 숲이 되었을 때
숲은 산골짜기마다 작은 개울을 만들고
수 천 개울들이 모여 한 줄기 강이 되고
강들이 모여 숭어 떼 노니는 바다를 이루고
바다는 파도에 실려 하늘에 올라 구름이 되었다

그래 그래
저 혼자만 잘 되자는 게 아니었다
그대는 나에게 하늘과 땅일지 모른다
그대는 우리에게 강이나 바다일지 모른다

하늘 보며 살다 보면

그저 삼백예순날

하늘 보며 살다 보면

잎눈에서 단풍까지

꽃눈에서 열매까지

꽃처럼 나무처럼

잘 익는다 잘 늙는다

해설

숨은 '너'를 찾아서
/황정산

■해설

숨은 '너'를 찾아서

황정산
시인 · 문학평론가

1. 들어가며

현대사회는 '너'가 사라지고 있는 시대이다. 너는 나와 가장 가까운 사람이다. 나와 대화를 나누고 나와 같이 밥을 먹고 나와 함께 일하고 나와 가장 가까운 곳에서 더불어 세상을 살아가는 사람이다. 그런 너는 익명의 바다속에서 점점 줄어들고 사라져 간다. 사람들은 이제 '너'나 '당신'보다는 3인칭으로 불리고 부르기를 선호한다. 특히 디지털 통신망을 통한 SNS 안에서 사람들은 특정인 '너'와 대화하는 것이 아니라 불특정 다수에게 발화를 한다.
'너'가 없다는 것은 그만큼 우리의 삶이 고립되어 감을 의미하는 것이기도 하다. 우리는 오늘도 길거리나 대중교통 안에서 수많은 사람을 마주치지만 그중 너라고 부를 사람은 아무도 없다. 다 익명의 삼인칭들일 뿐이다. 이제 개인과 개인의 만남은 점점 줄어들고 그런 만남 자체가 부담으로 다가오는 그런 시대를 우리는 살고 있다. 일인가구와 히키코모리는 이런 사회의 표피적

현상이다.

　서춘기 시인의 이번 시집은 이렇게 점점 사라져 가는 너를 다시 찾아 나서는 여정이라 할 수 있다. 너를 부르고 너와의 추억을 소환하고 너와 함께 해야 할 일들은 끊임없이 상기시켜 잊혀가는 너를 붙들고 있다. 그래서 소원해지는 사람과 사람 사이의 관계를 복원하고 우리 가슴 속에서 점점 희미해져 가는 인간에 대한 믿음과 사랑을 다시 환기해 준다.

2. 감추거나 혹은 사라지거나

　'너'가 보이지 않는 것은 세상이 너를 감추었거나 스스로 '너'가 사라졌기 때문이다. 그런데 무엇이 너를 세상에서 보이지 않게 만들었을까?

　　　아무도 떠나지 않았는데 애써 기다리고 있다
　　　함께 있어도 제각각 다른 곳을 보고 있으니
　　　서로가 서로를 볼 수도 들을 수도 없다

　　　춘삼월인데 아직 얼어붙은 혀와 발가락들
　　　저절로 말을 잊고 길을 잃은 지 오래다
　　　얼마나 기다려야 일어나 걸을 수 있을까
　　　얼마나 기다려야 흘러내려 섞일 수 있을까

　　　함께 있으면서 함께 있지 못하며
　　　기다리는 사람을 기다리는 사람들
　　　　　　　　　　　　　　―「기다리는 사람들」 전문

기다린다는 것은 희망이 있기에 가능한 것이다. 하지만 이 시에서의 기다림은 그런 희망과는 거리가 멀다. "기다리는 사람을 기다리는 사람들"이라는 구절에서 우리의 기다림이 악무한의 심연에 빠져 있음을 느끼게 된다. 이 시에 기다림은 막연한 기다림 즉 유예이다. "말을 잊고 길을 잃은 지 오래"여서 더는 다른 사람에게 다가갈 수도 없고 말을 걸 수도 없는 그런 지경이 바로 유예의 상태이다. 시인은 그것을 "얼마나 기다려야 일어나 걸을 수 있을까 /얼마나 기다려야 흘러내려 섞일 수 있을까"라고 한탄하고 있다. 우리는 이렇게 사람과 사람 사이에 거리를 두고 그것을 좁히기를 두려워하며 그 실행을 유예하고 있다. 그렇게 해서 너는 점점 사라지고 우리는 모두 익명의 존재가 된다. "얼어붙은 혀와 발가락들"은 이렇게 스스로 고립되어 가는 현대인의 모습을 감각적으로 잘 보여주고 있다.

    비가 오는 것도 일이다
    비가 오지 않는 것도 일이다

    제때 씨앗을 뿌리는 것도 일이다
    한철 텃밭을 묵히는 것도 일이다

    먼바다 큰 파도와 싸우는 것도 일이다
    몇 날 며칠 배를 묶어 두는 것도 일이다

    눈코 뜰 새 없이 일하는 것도 일이다
    빈둥빈둥 노는 것도 일이다

해가 뜨는 것도 일이다
해가 지는 것도 일이다

—「너에게 일」 전문

일은 유용한 무엇인가를 만들어내는 생산적인 활동이다. 유용성만을 따지는 현대사회에서 모든 것은 다 일이 된다. 노는 것도 일을 위해서이고, 텃밭을 묵히는 것도 씨앗을 뿌리는 일을 위한 일이 된다. 이런 현실에서 비가 오고 그치는 자연 현상마저 일과 관련해서만 의미를 가지게 된다. 우리는 오직 일 속에서 일에 의해 규정되는 존재가 되고 만다. 특히 우리의 일은 해가 뜨고 해가 지는 것으로 표현된 시간에 의해서 측정되는 그런 것이다. 이 시간의 숫자에 의해 우리의 일은 평가되고 보상받고, 또한 임금이라는 보상의 숫자가 우리의 삶을 지배한다. 시인은 이 일이 우리 자신의 존재를 감추고 '너'를 사라지게 만들고 있음을 우리에게 말해주고 있다. 이렇게 소외된 노동 속에서 나를 잃어갈 때 나와 마주하게 되는 너의 존재도 하나씩 지워지고 마는 것이다.

위험하다고 밖에다 일을 맡겼어

그럼, 남이 그 일에 목숨 거는 동안
넌 뭐 했지

위험을 팔아 돈만 챙기고
아픔 없는 자리에 핀 꽃도 꽃이라고 우길 거면

네 사랑도 외주화하라

— 「사랑의 외주화」 전문

그런데 그런 일마저 더욱 소외된 일의 모습으로 변화하고 있다. 그것은 외주화라는 노동의 새로운 형태이다. 일을 실행해야 할 회사가 그 일을 외부에 용역으로 맡기는 방식이다. 이런 노동 환경에서 인간의 노동은 자기가 하는 일과 그 일로 만들어지는 생산물과의 관계가 멀어질 수밖에 없다. 그리고 그 일을 하는 사람과 그것을 맡기는 사람과의 관계 또한 멀어질 수밖에 없다. 일하는 사람은 보이지 않고 일의 시간과 지불해야 할 임금으로 환원되는 숫자만이 의미가 있다. 그런 사회에서는 사랑마저 외주화하는 이런 극단적인 인간 간의 소원함을 경험할 수밖에 없을 것이다. "네 사랑도 외주화하라"는 시인의 외침은 이런 시대에 대한 강력한 경고가 아닌가 한다.

3. 너에게 가는 길

'너'가 사라진 익명의 바다에서 산다는 것은 더불어 함께 사는 삶을 포기한다는 것이고, 서로 간의 연대와 사랑 없이 팍팍한 세상을 더욱 힘들게 영위하는 것이다. 결국, 그러한 삶의 방식은 세상 전체를 황폐하게 만들고 만다.

저 혼자만 잘 살자는 게 아니었다

하늘은 땅에 비 뿌리고

땅은 나무를 일으켜 세우고
나무는 새들에게 꽃과 열매를 건네고
새는 나무의 씨앗을 먼 산으로 옮겼다
훗날 씨앗이 자라 나무가 되고
그 나무의 나무와 함께 울창한 숲이 되었을 때
숲은 산골짜기마다 작은 개울을 만들고
수천 개울들이 모여 한 줄기 강이 되고
강들이 모여 숭어 떼 노니는 바다를 이루고
바다는 파도에 실려 하늘에 올라 구름이 되었다

그래 그래
저 혼자만 잘 되자는 게 아니었다
그대는 나에게 하늘과 땅일지 모른다
그대는 우리에게 강이나 바다일지 모른다
―「그대와 함께」전문

"저 혼자만 잘 살"고 잘 되는 게 아니라고 한다. 하늘이 땅에 비를 뿌리고 그 안에서 자란 나무가 새들에게 꽃과 열매를 건네듯 모두가 함께할 때 자연도 삶도 풍부해진다고 시인은 말하고 있다. 그렇게 서로에게 '너'가 되자고 시인은 우리 모두를 "그대"라 부르며 넌지시 권유하고 있다. '그대'는 너를 친근하게 부를 때 사용하는 2인칭 대명사이다. 너도 아니고 당신도 아닌 그대라고 부를 때 우리는 훨씬 더 따뜻한 정감을 느끼게 된다. 시인은 이 인간적 따뜻함을 회복할 때 서로는 서로에게 바다와 땅처럼 소중하고 커다란 의미가 된다고 우리에게 설득하고 있다. 그럴 때 우리는 다음 시처럼 서로가 서로에게 아름다운 존재가 된다.

꽃은 마주보고 사는데
우리는 등지고 산다

…(중략)…

이 꽃이 배시시 웃으면 나도 따라 배시시 웃고
저 꽃이 활짝 웃으면 너도 따라 활짝 웃어 젖히며

우리도 그렇게 살자
서로서로 손잡고 눈 맞추며 강강술래 강강수월래

꽃처럼 살자
마주보고 살자

—「너에게 마주보기」부분

 시인에게 꽃이 아름다운 것은 그것들은 서로 마주보기 때문이다. 하지만 인간은 서로 등을 지고 산다. 서로의 얼굴을 보지 않으려고 한다. 그것은 얼굴을 대하기 두렵기 때문이다. 상대의 얼굴이 나를 보고 웃지 않거나 나를 믿지 못하거나 나를 미워하게 될까 걱정하기 때문이다. 그래서 서로 등을 돌리고 얼굴을 보지 않는다. 그렇게 해서 나에게서 너는 점점 멀어져 간다. 서로 마주 볼 수 있을 때 그래서 서로 우리가 너라고 부를 수 있을 때 우리는 꽃처럼 아름다울 수 있을 것이라 시인은 믿고 있다.

그리 크지도 작지도 않은
옹달샘 하나 파 두면 좋겠다

깊은 산속 네 오목가슴에

멧새 몇 마리 목을 축이고
길 잃은 아기사슴 한숨 돌리니

제풀에 슬픈 너, 너에게 참 좋겠다
—「너에게 옹달샘」전문

너와 내가 만난다는 것은 가슴 속에 옹달샘을 파 두는 것이라 시인은 말하고 있다. 이 시에서 옹달샘은 지친 삶에서 잠시 쉬고 위안을 주는 존재이다. 누군가에게 이런 존재가 되리라는 것은 서로의 고통과 슬픔을 이해하고 진정한 사랑을 기꺼이 나누겠다는 것이다. "너에게 옹달샘"이 되겠다고 말할 때 너는 수많은 사람 중 하나가 아니라 내 가슴에 와 삶을 나누는 진정한 동반자나 친구가 된다.
　하지만 이런 너를 찾아 마주하는 일은 그리 쉬운 것은 아니다. 다음 시가 그 어려움을 상징적으로 잘 보여준다.

한 번도 오르지 못한 저 하늘에
별과 우레가 없다면
누가 하늘 보며 두 손 모을까

망망대해, 그래서 그저 그래 보이는 저 바다에
큰 너울과 고래 한 마리 없다면
누가 바다 너머 바다를 그리워할까

집으로 가는 길마저 끊긴 이 땅에
무너져 내린 만큼 솟아오른 벼랑길조차 없다면
누가 길 떠날 채비하며 가슴 조일까

난장이면 좋을 이 땅 저 바다 저 하늘에
별과 고래, 아스라한 벼랑길 하나 없다면
네 가슴에 얼굴 묻고 울어 줄 사랑 어디 있을까

—「너에게 벼랑길」 전문

  시인은 너에게 가는 길이 얼마나 험한 것인지를 우리에게 실감 나게 말해준다. 너에게 가는 길은 "별과 고래"를 찾는 일처럼 아름답지만 쉽지 않은 일이다. 희망이 있어야 점점 사라지고 보이지 않는 고래나 별을 잊지 않듯이 너에게 가는 길도 그런 희망이 필요하다. 그럴 때 바로 아스라한 벼랑길이라도 우리 앞에 놓여 있게 된다는 것이다. 이 위험하고 힘든 길을 오를 때 비로소 너의 모습은 보이게 되리라고 시인은 생각한다. 한 개인과 한 개인이 인간적인 관계를 회복하는 일이 이다지 힘들다는 것을 이 시를 통해 우리는 여실히 통감할 수 있다.
  하지만 누군가는 길을 내야 한다. 서춘기 시인은 시를 통해 그 길을 내고자 한다. 그의 시들은 사라지거나 숨어버린 너를 찾아가는 지난한 여정의 기록이다.

너무 가파르다며
아무도 다니지 않는 비탈에
한 사람이 길을 낸다

길이라 하기엔 보잘것없어
어느 누구도 걷지 않는 그 길이
여름 한철 버티지 못하고 무너져 내린다

그러기를 두어 번
이번엔 여기저기서 돌덩이를 옮겨 와
아랫돌부터 차근차근 놓으며

돌계단을 만든다
멀리 돌아가는 사람들 모두
어리석은 짓이라고 수군댔지만

한 걸음씩 뚜벅뚜벅
돌계단이 비탈을 오른다
비탈이 돌계단을 오른다

―「너에게 돌계단」 전문

마지막 두 행으로 해서 이 시는 빛나고 있다. 가파른 경사 때문에 사람들은 갈 길을 포기한다. 사람과 사람 사이에도 마찬가지이다. 서로 간의 환경과 문화와 가치관의 차이가 이 가파른 경사를 만들어 서로에게 다가가지 못하게 한다. 하지만 진정 누군가에게 다가간다는 것은 이 위험과 고통을 감내해야 하는 일이다. 어쩌면 이 위험과 고통이 사람과 사람 사이를 연결하는 진정한 힘이 되는 것이기도 하다. 시인은 바로 이 점을 "비탈이 돌계단을 오른다"고 말하고 있다. 언어의 힘이 느껴지는 대목이다.

4. 맺으며

"너"를 노래하는 서춘기의 시는 따뜻하다. 그의 시들에서 '너'는 나와 구별하여 너와 나를 가르는 차별의 호칭이 아니라 한 사람이 한 사람에게 가장 가깝게 다가가는 친밀한 연대의 호칭이다. 누군가를 너라고 부를 때 그는 익명의 "군중 속에 위령처럼 떠오르는 얼굴들, 젖은 검은 가지 위의 꽃잎들"(에즈라 파운드 「지하철 역에서」)이 아니라, 삶의 의미와 존재의 정체성을 가지는 살아있는 인간으로 환생한다.

별이 빛나면 나도 반짝이고
꽃이 피면 우리도 피어난다

산이 울면 너도 울고
강이 흐르면 우리도 굽이친다

너 하나 나 하나 꽃이 되고 별이 되니
무등산 기슭 구석구석 밝아지고

옹달샘이 닮은 작은 가슴들
물길이 가파를수록 거친 숨 몰아쉬며

너른 들녘 지나 영산 나루 다다랐구나
어기영차 황포돛 올려 바다로 가자

비금 흑산 고래등 넘어 일파만파

더 큰 파도 더 큰 세상 만들어 가자
　　　　　　　　　　　　　—「너에게 일파만파」 전문

　시인은 이 빛나는 존재로 환생한 모든 '너'가 다시 세상에 활력과 아름다움을 일파만파 전달해 주리라 굳게 믿고 있다. 우리 모두가 누군가의 '너'가 될 때 한 사람의 아픔은 모든 사람의 아픔이 되고 '너'가 울면 세상이 함께 울어줄 수 있는 더 아름다운 세상이 올 것이다. 그런 세상에 대한 믿음을 아직 포기하지 않게 하는 이런 시집을 마주한다는 것은 문학을 하는 사람으로서 행복한 일이다.

고요아침 운문정신 072

너에게 일파만파

초판 1쇄 발행일·2024년 10월 22일

지은이 | 서춘기
펴낸이 | 노정자
펴낸곳 | 도서출판 고요아침
편　집 | 정숙희 김남규

출판 등록 2002년 8월 1일 제 1-3094호
03678 서울시 서대문구 증가로 29길12-27, 102호
전화 | 302-3194~5
팩스 | 302-3198
E-mail | goyoachim@hanmail.net
홈페이지 | www.goyoachim.com

ISBN 979-11-6724-215-0(04810)

*책 가격은 뒤표지에 표시되어 있습니다.
*지은이와 협의에 의해 인지는 생략합니다.
*잘못된 책은 교환해 드립니다.

ⓒ 서춘기, 2024